Avec le soutien de la Fédération Wallonie-Bruxelles,
de la Province de Liège et de CDM2047 asbl.

ISBN : 978-2-931067-08-6
Dépôt légal : D/2021/13.597/1

Dorothée Lambinon

Sabbat Mater

Conte burlesque en un acte poétique

BOZON2X EDITIONS

Cher Lecteur,

Si vous ouvrez ce livre c'est que vous êtes l'un des heureux spectateurs de « Sabbat Mater » ou que la curiosité vous titille et c'est un excellent début !

Qui, de nos jours, prend le risque de s'aventurer dans la rencontre de créations théâtrales, contemporaines, peu ou méconnues ? Vous. Toi. Moi. Et bien d'autres. Car nous sommes de plus en plus nombreux à reconnaître la valeur de propositions singulières qui, désormais, le plus souvent, se produisent dans de petits lieux.

Alors, Cher Découvreur, devrais-je dire, je vous invite à me suivre dans le grand plaisir qu'il m'a été donné de rencontrer et travailler avec Dorothée Lambinon ; artiste tout terrain, sans filet, née à Liège, il y a plus d'un demi-siècle et dont le talent d'actrice et d'autrice a pu se révéler, à maintes reprises, à l'occasion de diverses collaborations avec des metteurs en scène tels qu'Alain Wathieu, Michel Delamarre, François-Michel van der Rest, Jean-Pierre Laruche ou moi-même.

Cette carrière pour discrète qu'elle puisse paraître dans le paysage théâtral n'en n'est pas moins des plus fascinantes d'opiniâtreté et de courage à créer sa propre structure, qui, à dessein, porte aujourd'hui le nom du « Théâtre de l'être » : mises en scène, ateliers, formations, Dorothée partage ses passions allégrement.

Sabbat Mater arrive à point nommé dans ce parcours et dans l'époque que nous traversons. À l'heure de sa maturité d'artiste, partant de ses multiples expériences dans les domaines de la création et d'une recherche de bien-être, par ce texte d-étonnant, Dorothée rejoint des questionnements d'actualité et de toute éternité : quelle est la place de la femme dans ce monde ? Que faisons-nous du pouvoir dont nous disposons ?

Sabbat Mater nous emmène dans la danse de paroles qui se croisent, se dévorent, s'avortent, se déchirent…

Désirs de paix, d'amour et d'harmonie entre les sexes, conscience écologique, autant de bonnes intentions pavent l'enfer d'une vie, celle d'une conteuse habitée par un double fantasmé « Maat », déesse omnipotente, et par une poignée de personnages dont les voix contradictoires la tenaillent.

Maat, ravagée par la médiocrité humaine, se pensant supérieure à tous, parée de l'alibi de son amour infini et inconditionnel, veut changer le monde et est prête aux pires abjections pour le soumettre à son rêve ! Mais de petites voix la poursuivent pour la faire descendre de son piédestal, lui faire voir et incarner ces petites femmes, ces petits hommes qu'elles méprisent pour leur « foutue peur » : vieilles dames en fin de parcours, petites filles, poivrots, religieux, hommes belliqueux... Ces voix d'Augustes sont donc des re-pères (!), elles contre-carrent les délires de puissance de Mère Maat, elles injectent un doute salvateur par où l'homme tant haï va pouvoir s'infiltrer et retrouver une place en son sein, comme une part d'elle-même.

Sur ce chemin de réconciliation Thomas et Vanessa, marionnettes figurant père et fille d'une petite famille monoparentale, sont les occasions par lesquelles Maat va pouvoir déployer une part de son rêve de liberté et de sa conscience écologique. Ce sont des alliés imaginaires qui, comme les jouets de notre enfance, lui donnent une sensation de toute-puissance, car elle est la Mère de tous.

Clochmic, homme jouisseur, amoureux de la vie, débarque ! Attaché au monde tel qu'il est, Clochmic représente quant à lui cette partie d'elle-même qui, une fois acceptée et transformée par l'expérience de sa rencontre, fait craquer l'écorce de la force dévastatrice et apporte l'apaisement : Maat ? Tu pleures ? ...

- Oui Clochmic comme au début du commencement de tout...

Par ce parcours, la conteuse a enfin reconstitué le puzzle d'une existence dévastée par une guerre intérieure où s'affrontaient des parts atomisées d'elle-même. Et la morale de l'histoire, s'il en est une, serait que tout désir de changement pour l'humanité commence par des transformations à l'intérieur de soi.

Il y a du Jodorowsky, dans cette biographie poétisée que Dorothée Lambinon nous livre avec toute la force de son rire déflagrant sur l'humain, sur ses délires au nom de Dieu et d'un monde meilleur.

Sabbat Mater relève d'une cruauté bouffonne, digne d'un de Ghelderode, digne de notre époque.

Ce texte est une petite forme nouvelle, que nous avons décidé de jouer dans des lieux atypiques, son texte a séduit

BOZON2X pour son caractère singulier, audacieux à la croisée des chemins. Ceci n'est pas une pièce de théâtre mais presque...

Claire Blach
Metteur en hors-scène de Sabbat Mater,
février 2020

Sabbat Mater

Conte burlesque en un acte poétique

L'action

Se passe dans un espace imaginaire très proche de votre vie quotidienne, juste à côté...

Le décor

Des sculptures de bois et de fer figurent un trône surplombé d'une lampe casque, deux candélabres délimitent une aire de jeu adaptable en tout lieu.

Les personnages

Lors de ses premières représentations, ils ont tous été interprétés par l'auteure et interprète du texte.

La Conteuse

comme atteinte de troubles dissociatifs, habitée par : **Une Déesse appelée Maat**

Maat est entourée de personnages qui la contrarient autant qu'elle les gouverne, ils apparaissent comme des prolongements d'elle-même : soit comme des extensions de chacun de ses doigts, des voix ou des marionnettes.

Puceron

Le conseil des trois Augustes

Trois femmes en fin de parcours

Deux petites filles

Vanessa et son Père Thomas

Clochmic homologue masculin de Maat.

Sabbat Mater

Acte 1. ICI ET MAINTENANT

Une femme traverse le public, elle chuchote, s'avance vers un trône dont elle se détourne, souriante, les mains sur la poitrine, elle semble contenir quelque chose en elle. Elle s'adresse au public.

La conteuse - Qui se cache sous nos peaux ? Enfants de femmes, mères, femmes-enfants, hommes à femmes, hommes blessés, hommes debout ou assis. Vous toucher... De quoi avez-vous peur ? Moi, j'ai toujours été fascinée par la peau, par la chair, par mes propres mains qui la touchent, qui la caressent, la massent, la palpent... J'aime la sentir palpiter sous mes doigts, comme une pâte dont on peut tout extraire, une perle, un être, un blaireau, un œuf... Le corps est un continent, avec ses monts, ses vaux, ses plaines, ses cascades... Une géographie qui ne reflète pas toujours la vie intérieure de son porteur. Ici, nous dirons de sa porteuse. N'est-ce pas, Maat ? *(Maat se manifeste, elle prend véritablement possession de la conteuse dans un grand éclat de rire)* Hahahahaha !

(Maat disparaît, la conteuse se recompose)

Maat adore rire, c'est comme ça que je l'ai trouvée en moi ! En l'entendant s'éclater. Nos premiers et nos derniers émois de vieilles femmes, filles, soeurs, sages et turbulentes, sont restés passionnés, passionnants ! Nos échanges avec l'homme, drôles et fantasques, tristes et affolants, catastrophiques, sur-collants, indétachables...

Transformation

(Elle ôte son voile...)

Le trône : scénographie de Pierre Portier

Acte 2. LES ÉPREUVES

Maat - Hahahaha ! C'était il y a bien longtemps, bien avant le commencement. Je me souviens de mon rire. Hahahaha ! Secouée de la tête aux pieds... Et de ce corps, empli de sensations délicieuses et exécrables ! Le Serpent, lui aussi, riait aux éclats quand il nous a déposés. J'ai compris bien plus tard, que c'était de nous qu'il riait ! Nous étions vierges de toute connaissance réelle... Nos sens explosaient et créaient l'espace, renvoyant au loin celui que nous avons fini par appeler « Père ». Il a disparu sans laisser de traces. Big Father. Le Grand Serpent volant. Je ne l'ai revu qu'en rêve. Il s'adressait à moi, en chuchotant. C'est lui qui m'a conseillé de créer les Augustes en conseil. Pour ne pas décider seule, disait-il ! Il m'a dit aussi de laisser Clochmic suivre son chemin... Parce qu'avant le 2, il y a le 1. C'est malin, que je me disais, c'est malin ! Comme si je ne le savais pas ! Mais laissez-moi vous raconter ce rêve éveillé...

D'abord, depuis l'invention de l'aiguille, je suis toute cousue. Refaite, quoi ! Ben oui, je sais que vous le voyez. Mais comme ça, je vous montre que je sais que vous savez. Même mon miaouw n'a plus d'entrée. Oui, mon miaouououououw. Ils ont dit que c'était mieux pour moi, de le couper puis de le coudre. Comme ça, je n'aurai plus jamais faim ! Jamais. Ouverte, coupée, cousue. Par les ennuyeux aiguilleurs !

J'aimais bien pourtant sentir le vent à l'intérieur de moi... Je l'écoutais gémir. C'était beau. Comme une tour sans portes et sans fenêtres où tout s'engouffre, l'air, les insectes, les chats curieux... Maintenant, c'est silencieux. Je suis toute cousue. Mais un jour, oui, un jour... Je ferai péter leurs coutures ! Au diable, les aiguilles ! D'ailleurs, j'ai crevé l'œil d'un des aiguilleurs !

Alors, je suis partie. J'avais trop peur. J'ai couru si vite que mon cœur est tombé en chemin et que je ne m'en suis même pas rendu compte. Je n'étais pas la seule. Il y en avait d'autres qui couraient comme moi. Et leurs cœurs tombaient sur les chemins. On aurait pu faire une brocante de cœurs avec tous les cheminants ! Cœurs de fuyants, cœurs d'aventuriers, cœurs crevants, cœurs de morts-vivants, cœurs breloquants

de machines humaines. Sans cœurs, nous devenions des machines. Des robots. Je suis devenue un robot. On m'a enfermée. Ainsi que d'autres. On était partis de là où l'on avait été déposés sans rien, au milieu de rien. Certains criaient. D'autres pleuraient. Ceux qui nous enfermaient, eux, se souriaient. Ils se souriaient entre eux. Ils avaient l'air si heureux. Moi, je ne disais rien. J'ai oublié de le dire mais j'ai poussé mon dernier cri quand on m'a cousue.
Je ne savais pas encore qui j'étais...
J'ai d'abord parlé avec mon corps.
J'ai dansé mes pensées.

Et puis, un doigt m'a dit de m'approcher et m'a couverte de diamants, de pierres précieuses, d'or, de cristaux aux reflets rose et bleu... Je suis devenue sa princesse ! Si, si, je vous le jure, c'est vrai ! Je brillais tellement ! Je n'arrivais plus à me voir, tellement je brillais... Je marchais sur des corps, sans les regarder, des mains me suppliaient, me caressaient les chevilles, des langues me léchaient les pieds... Ben si. Ça existe. Si je vous le dis... On me léchait les pieds ! Et puis j'en ai eu marre... Ce n'était pas moi qui voulais ça. Je ne me reconnaissais pas. C'était le doigt. Il se promenait tout le temps sur moi. C'était fatigant. Un jour, je l'ai mordu. Fort, fort ! Follement. Je voulais l'arracher, le déchiqueter ! Et lui, qui n'était pas cousu, criait, criait, en disant qu'il allait me tuer. Je n'ai pas attendu. C'est moi qui l'ai fait. Il a été mon premier.

Je ne me souviens plus très bien après ça. Je me suis éveillée dans une forêt, en été, et pour la première fois, j'avais faim. Mes yeux n'arrêtaient pas de couler. C'était salé. J'ai tout bu et j'ai encore dormi. Quand je me suis réveillée, il y avait plein de mains autour de moi. Jointes. En prières. C'était drôle. J'étais devenue une sainte. Pourtant, je puais. J'avais tellement eu peur. Et puis, j'ai compris. Je les ai mieux regardés. C'étaient des cousus, eux aussi. Des attachés. Des cordes de sales pensées autour du cou entravaient leurs mouvements, les ralentissaient. Je les ai caressés. Avec ces mains-ci, celles que vous voyez. Je leur ai transmis les mouvements de la liberté. Comment être libre, malgré les coutures... J'ai dansé pour eux. Nous avons beaucoup ri. Le rire m'a nettoyé l'intérieur, qui était très sale, et je suis repartie avec des provisions de joie pour longtemps. Ils m'ont donné un nom Maat.

Musique du temps qui passe

Acte 3. LE POUVOIR

Maat - Hé bien oui, je l'ai mangé, mon amant ! Il était encore tremblotant de jouissance, la bouche ouverte ! Sans voix ! À quoi lui sert-il d'avoir une bouche, s'il ne parle pas ? Alors... Ni une, ni deux. Aspiré. Gobé. Un mot m'aurait suffi ! Même pas... Un son ! Un hoquet... un tout petit hoquet... *(Maat s'installe sur le siège, la tête vers le bas)* Mais non ! Rien ! Ma bouche s'est ouverte sans que j'y pense et je l'ai avalé, tout rond. Là, il faut qu'il sorte, par un trou ou l'autre ! En rot... En pet... En fumée ou en fantôme, en steak haché, fumant et bien saignant ! *(Bruit)*

Aaaah... Qui vient me déranger, dans cet intense moment de digestion...
(Un doigt-personnage se dresse)

- Qu'est-ce que tu veux, Puceron ?

Puceron - Maat, Maat ! Ils recommencent ! Ils construisent un nouveau mur ! Vos enfants contre vos enfants ! Ils crient, ils s'insultent ! La violence gagne le cœur même des mères... Je n'en peux plus de les regarder... Je vous demande de me remplacer !

Maat - Quoi ! Encore ! Je vais les inonder ! Je vais leur pisser dessus ! Un déluge ! C'est tout ce qu'ils méritent ! Des millénaires que je leur chante des berceuses, des millénaires que je leur souffle des mots d'amour droit dans le cœur ! Et des millénaires que cela ne change rien. Je suis lasse, Puceron, lasse, tu m'entends ? Où veux-tu aller ?

Puceron - Dans les bras d'une femme ou dans un hôtel de paix et de jouissance...

Maat - Décide !

Puceron - Nettoie-moi, Maat ! Je suis empli de visions. Les enfants, les animaux, les plantes... Toutes ces tueries, ces mutilations, tous ces cris d'horreur, ces déchirements, ces désespoirs m'ont retourné l'âme. Je n'arrive pas à les digérer... Il me faut... Une douche de musique céleste et un corps-réconfort.

Maat - Moi non plus, je n'ai pas bien digéré ! Allez viens, tu es si mignon ! Viens dans les bras de Maat !

Maat absorbe Puceron

Maat - Tant de soleils se sont couchés depuis l'époque où j'ai mis au monde ce monde... Sur d'autres planètes, pourtant, les choses se passent bien, les vibrations sont légères... Des êtres presque invisibles se pâment à longueur de temps, d'autres étudient, d'autres encore envoient leur esprit explorer l'univers, certains sont des créatifs, inventeurs multiples de machines à mieux-être, à mieux, mieux, mieux... Mais les humains, bordel, ils me font chier ! Un pas en avant, dix pas en arrière... Bonté divine comme moi... Je craque ! Coups de foudre ! Explosions ! Pluies torrentielles ! Pandémies ! Ouf, ça va mieux. Je vais consulter les Augustes.

Maat - Allô !

Les 3 Augustes - Allô, allô, allô !

Maat - Je fais appel à vous, Augustes infinis ! Je ne sais plus comment faire avec la Terre, ils recommencent à s'entretuer, les mêmes, le frère du frère... Je suis à bout de ressources, prête à tout ravaler, à tout recommencer... *(Auguste 1 - Allô ? Allô ?)* Je suis toute oreille à vos conseils éclairés... Vous connaissez ma flamme et mes emportements... Tiendraient-ils de moi ?... Sans doute... *(Photo)*... C'est ça, oui, faites une photo d'une Maat au désespoir ! *(Elle rit)*

Auguste 3 - Nous suivons tes débâcles, avec intérêt, Maat... Nous avons uni nos lumières vers eux... Ils sont têtus, teigneux... tellement romantiques, aussi !

Auguste 2 - Tu avais pour mission, cependant, de les faire évoluer et de les rendre bons. Tu les as faits à ton image ! Ne te poses-tu pas des questions ? Ils sont cons.

Maat - Suis-je conne ?

Auguste 1 - Allons Maat, regarde les choses en face, tu es pourrie !

Maat - Oh, ça va bien la morale ! Facile pour des Augustes sans cœur qui n'ont qu'à s'occuper de Dieux intelligents et avertis... Mes petits hommes et mes petites femmes crèvent de peur... et c'est ça qu'il faut résoudre ! Leur foutue peur !

Acte 4. RIEN NE VA PLUS SUR TERRE

Scène 1. Les femmes

Auguste 2 - Gros plan sur les femmes... en fin de parcours... qui parlent de leurs hommes... en fin de parcours...

Trois femmes, d'un âge certain, parlent de leurs hommes

Femme 1 - On nous a appris qu'on était nées pour servir ! Toujours levée la première, tirée à 4 épingles pour lui plaire. Faire à manger. Repasser. Ne pas l'ennuyer avec mes problèmes d'estomac. Quand il avait envie, j'étais toujours d'accord, même si moi, je n'avais pas envie.

Femme 2 - Moi, je lui ai dit - Ce n'est pas pour toi que je fais attention à la bouteille... C'est pour la pension ! Et pour ma tension ! Descendre et remonter les bouteilles de la cave, il n'en est plus capable, et mon cœur, non plus. Les amies du bridge sont bien plus drôles. Un petit verre le soir pour dormir ! C'est tout ce que je lui autorise.

Femme 3 - Tous les soirs, on s'endort, main dans la main, depuis 36 ans ! L'amour entre un homme et une femme, il n'y a que ça de vrai !

Femme 1 - C'est moi qui lui donne ses médicaments, j'ai trop peur qu'il les oublie... Il est terriblement distrait.

Je n'ai pas de temps pour moi. Je n'en ai jamais pris. Sauf pour être avec mes petits-enfants !

Femme 2 - Laisse-le un petit peu seul, ton mari, comme ça, il verra qu'il peut se débrouiller... Moi, dès qu'il a l'œil fermé, je suis partie. Une seconde vie !

Femme 3 - Je ne suis pas d'accord avec toi ! C'est tout faire ensemble qui est beau ! Je sais le problème qu'a ton mari ! Il m'a téléphoné et il me l'a dit ! Il est toujours amoureux de toi ! Quand tu vas voir tes petits-enfants, sans lui, il se sent seul ! Les hommes, c'est comme les enfants, toute leur vie, ils ont besoin de leur maman !

Femme 1 - Pour le cul, il ne sent pas seul ! À 82 ans ! Il a encore envie ! Tous les jours !

Femme 3 - Aaah... Quand je pense ! Travailler toute une vie pour en arriver là ! En tout cas, s'il meurt avant moi, je pars en croisière !

Scène 2.
Maat et ses petites-filles intérieures

Maat - Je deviens folle !

Auguste 1 - Ton intérieur révèle la présence de 2 mâles avalés ! Nous ne te jugeons pas, mais nous savons.

Maat - Savon, savon... Je connais la formule, vous allez me laver, m'arracher la vulve, me gratter le cœur... me savonner l'intérieur... Mais moi aussi, j'en rêve d'harmonie, de silence, de grandeur... Moi aussi, je rêve que tous mes enfants soient des anges... Mais foutre Dieu de bordel à putes, on a voté pour le libre-arbitre et la patience... N'était-ce pas préjuger de leur intelligence... Je n'y crois plus, je n'y crois plus... Je rends mon paréo ! Père absent où que tu sois, fais-moi un signe, bougre de mauvais Dieu ! Serpent sans tête et sans queue ! Géniteur égotique !

Auguste 2 - Gros plan sur 2 petite filles !

Petite fille 1 - Il m'aime, il me l'a dit : « Tu es mon rayon de soleil ! » Je suis sa préférée ! Quand je serai grande, je me marierai avec lui. Quand maman sera morte, je serai la femme de papa !

Petite fille 2 - Moi aussi, il m'aime !

Petite fille 1 - Toi ? Non, ce n'est pas possible ! On t'a trouvée dans une poubelle !

Petite fille 2 - C'est pas vrai ! Et d'ailleurs je m'en fous ! J'aime mieux maman !

Scène 3. Les hommes et la colère de Maat

Auguste 2 - Domination ! Pouvoir ! Pouvoir ! Cul et pouvoir ! Du début à la fin ! Zoom sur les hommes !

Maat - Apparaît un barbu avec un tee-shirt où l'on peut lire *Just beer for dinner* ! Un autre, bière à la main devant la télé, un autre qui m'adresse ses prières, en voilà un qui nettoie son arme... Celui-là prépare une corde pour se pendre, et celui-ci se dirige nu vers une femme qui dort... Ceux-là sont sur un bateau et regardent les poubelles qu'ils viennent de jeter à la mer, en pariant sur leur vitesse d'immersion... Fuck ! Stop ! J'ai l'impression de regarder leur saloperie de télévision ! Ne peut-on voir le bon côté des choses ? Oui, c'est ça ! Zoom sur des tribus en osmose, des accolades, des rires sans fin, des regards échangés pleins d'amour et de tendresse, des caresses, des caresses, des caresses...

Auguste 2 - Cela fait oublier tout le reste ! Voilà pourquoi on les aime infiniment !

Maat - Je rêve de pulvériser le reste. De le réduire en poussière. Boum Bam Bim ! Finito ! On recommence à zéro.

Auguste 1 - *(Avec douceur)* Les détruire, c'est Te détruire !

Maat - Que faire alors ? Auguste 3 ! Tu n'as pas encore ouvert la bouche ! Pourtant, c'est toi l'instigateur du

« Paradis sur Terre » et du changement de paradigme dont parlent tous les stages de New Age ! Avant que cela ne fasse tilt dans leurs petites caboches, je crains qu'il ne faille attendre très longtemps... Et les anges-gardiens sont à bout... On ne les écoute pas ! On ne leur demande rien ! Les Saints se rendent inaccessibles... Ils ont compris, eux, au moins ! Les Saintes, m'appellent, avec condescendance « Mon enfant »... Quant à Jésus et Bouddha, ils trouvent tout ça, juste et normal, trop occupés qu'ils sont à aimer encore et encore dans leurs dimensions mirifiques, bien loin des réalités terrestres ! Leur patience me dégoûte, me dépasse ! Infirmiers de l'âme, oui. Accélérateurs du processus d'évolution, non ! Le libre-arbitre, on a dit ! Oooh ! Leur compréhension absolue ! Mahomet ? N'en parlons même pas. Il passe son temps, dans l'au-delà, à danser la salsa en retroussant sa djellaba ! Ah, je vous jure ! Elle est belle la communauté des maîtres morts ! On y rencontre des fous indescriptibles qui mériteraient d'être vus par les vivants ! Tous ces mythes ridicules et inutiles... Pauvres humains ! Et dire que certains m'imaginent avec une barbe ! *(Rires)*

Auguste 3 - Nous savons tout cela, Maat ! Parle-nous de ton vrai fond !

Maat - C'est celui que je touche, je ne peux pas tomber plus bas ! De 2 choses, l'une, ou, j'implose avec eux, on laisse tomber l'expérience, et le Cosmos oublie les humains à tout jamais... Ou je descends sur terre, je leur dis qui je suis et que tout ce que j'attends d'eux, c'est un petit miracle comme... de l'amour... et rien d'autre... Vous m' entendeeeeez ?

Scène 4. La conteuse et les petites filles

La conteuse - Waaah ! Quel cauchemar ! J'ai rêvé d'une voix qui me hurlait dans l'oreille qu'elle voulait de l'Amououourr et qu'on l'appelle « Maaat » ! Avec tout ce qui se passe ! Est-ce déjà la fin du monde ? Dieu ? Une femme ? Qui se cache sous nos peaux ? Qui parle sous la mienne ? Qui ?

Petite fille 2 - J'ai rêvé d'une voix qui me hurlait dans l'oreille qu'elle voulait de l'Amououourr et qu'on l'appelle « Maaaaaat » !

Petite fille 1 - Toi aussi ?

Petite fille 2 - Oui, moi aussi !
Petite fille 1 - Et tu as entendu ? Elle a dit qu'elle nous avait créés ! Ça ! Notre mère à tous ! Quelle horreur ! Grosse vache !

Petite fille 2 - Pétasse ! Gouine ! Pute ! Pute ! Hihi... *(Elle glousse et son rire se transforme en celui de Maat)*

Vanessa : marionnette de Sandrine Calmant

Acte 5. DESCENDRE SUR TERRE, AGIR

Maat - Je suis làààà ! Oui, c'est moi !

Les Augustes - Je suis là ! Moi aussi, je suis là !

Maat - *(Impérieuse, dans un élan héroïque)* Non, les Augustes ! Ne tentez rien ! Laissez-moi agir seule ! Je sens que c'est le moment ! Je le sens bien. Oui ! C'est moi ! Votre Créatrice. Votre Génitrice. Je vais tout vous expliquer ! Tout s'est passé loin d'ici, à des années-lumières... Vous avez germé dans mon esprit, dans mon ventre, dans mes cuisses, je vous trouvais même sous mes ongles, vous tombiez du coin de mon œil, d'entre 2 poils de mon pubis, qui est chauve maintenant... et ce, depuis bien longtemps ! Un son, un mouvement de mon être vous engendraient en nombre, à profusion... Je vivais l'extase la plus complète... J'étais subjuguée par votre densité, votre légèreté... par mon imagination, par votre perfection... par notre merveille corporelle et matérielle qui dépassait tous mes espoirs... La joie que vous me procuriez créa les océans. Votre potentiel infini fit les montagnes... Rien n'était plus doux à mes oreilles que vos cris ! D'énormes bêtes surgissaient d'entre mes orteils, des oiseaux voletaient à chaque battement de mes paupières, mes larmes de joie déversaient sur le monde des poissons... Je tournoyais dans l'espace infini, ivre d'amour pour ma création. Je sentais l'admiration des Augustes, leur désir de vous voir grandir, comme des tontons éblouis par les premiers pas de leurs neveux. Tout chantait « Merveille ! »... « Merveille ! »... Et nous voici, à « Merde veille... Merde veille... ! » Vieille merde, oui ! Ouais, je sais, c'est nul... Mais c'est réel... Je suis là pour vous liquider ou pour vous réveiller... Vous avez le choix !

Maat ôte sa veste, poitrine nue sur laquelle est inscrit HI MAN. Une petite fille marionnette apparaît (accent anglais, comme son père)

Vanessa - Pourquoi t'es toute nue, madame, et pourquoi tu dis des gros mots ?

Maat - Maat ! Maat ! Appelle-moi Maat ! C'est d'une goutte de lait de ce sein qu'est née ton arrière-arrière puissance 12 de grand-mère... Nue, c'est libre. Voilà. Ce qui vit dans l'amour n'a rien à cacher. C'est mon message. A faire passer. Où sont tes parents, mon oiseau ?

Une voix d'homme

Thomas - Vanessa ! Où es-tu ? Viens ici tout de suite ! (Il surgit) Mais qu'est-ce que... Rhabillez-vous, espèce de vieille satyre ! Vous allez lui faire peur ! Viens près de papa, Vanessa ! Oh my god, ce n'est pas possible ! Dans quel monde vit-on ! Mettez quelque chose sur vous ou j'appelle la police !

Maat - La ferme, Thomas ! Je te connais. Tu as un tatouage sur la fesse gauche et tu rêves de Vanessa Paradis. Je suis ici, avec toi et ta fille, parce que c'est la fin de ce monde. Je vous ai choisis tous les 2 pour être les « Bienheureux ». C'est la nouvelle forme d'être, nus et bienheureux... C'est parti, mes moineaux !

Les 2 dansent une gigue endiablée et se retrouvent nus et hilares.

Vanessa - Hihhi ! Oh Papa ! Je ne savais pas que tu avais un tatouage sur la fesse ! Mais pourquoi une étoile juive, papa ?

Thomas - Hahahah ! C'est une blague d'étudiants, ma chérie...

Maat - Aaaah les blagues d'étudiants ! ça peut tuer une blague d'étudiants, n'est-ce pas ? La tête dans le seau de merde, les pieds dans le vomi, gobe l'oeuf et sa coquille... Soumets-toi et meurs de rire ! Meurs ! Tu as peur de dire que tu es juif, chico ?

Thomas - J'ai peur de la souffrance ! Tu ne sais pas ce que ça fait quand on se moque de toi, tout le temps ! Ça donne envie de tuer !

Maat - Mes Amours ! Mes petits ! La Force est là, avec vous ! En chair et en chair ! C'est moi ! Vanessa, quelle est ta fleur préférée ?

Vanessa - Une fleur qui sent très bon ! La belle-de-nuit... elle est toute petite. Elle s'ouvre le soir sur le chemin qui longe la maison... et ça embaume l'air ! C'est magique !

Maat - Transformation !...
J'adore ! T'inquiète pas Thomas ! C'est réversible... C'est juste pour te montrer le pouvoir de la pensée... Et toi, dis-moi quel est ton animal préféré ?

Thomas - L'ours... Mais...

Maat - Transformation !
MDR ! Ha ! Ha ! Ha ! Saint-Thomas ! Voir pour croire... Non ! Être pour croire ! Bien. Retour à la case départ... Transformation !

Thomas et Vanessa - Schwung Arg shmop blop...

Maat - Pas de panique ! C'est passager. La parole va revenir aussi. Ecoutez-moi ! Les sensations vécues ces quelques secondes, vous ne les oublierez jamais ! Les fleurs ont des sensations... Les animaux aussi, les émotions les traversent, comme vous... A divers degrés. Ils sont entiers.

Vanessa - Pfffoua ! *(Elle pleure bruyamment)*... J'ai senti... J'ai senti... C'était beau et terrible... un jus électrique à l'intérieur... des décharges de sensations... tout amplifié... Fort... mon propre parfum... l'air... une merveille... et puis une peur... Enorme...

Thomas - Ma chérie ! Ma fleur ! Ce que ce que je viens de vivre était sensationnel ! Cette force !... Ce calme intérieur... les odeurs... terribles odeurs !... Celles des humains... plus effrayantes que tout... Ils ne sont pas loin... Ton odeur à toi, Maat, me donne envie de pleurer ! Pourquoi ?

Maat - Parce que tu me reconnais, et qu'en moi, il y a toi, tes ancêtres, l'ours et la fleur. Nous allons faire une expérience... Vous voyez ce groupe d'humains ? Nous allons les connecter à leur lumière intérieure et nous ferons ainsi de par le monde. C'est la seule façon de nous sauver de là ! De ce trou sans fond, pollué et puant !

Maat rentre en transe, dégoulinante d'amour, elle s' exprime en rap...

On va faire péter la Machine ! Péter les coutures de la camisole de force ! Créer un futur fantastique pour tous ! Avec de l'Amour à n'en plus finir... De l'Amour dégoulinant… Comme le miel liquide… Des banquets riches de légumes et de fruits pour les pauvres... Des châteaux reposoirs pour familles en routes et sans abris... De la musique qui guérit... Des câlins qui font du bien... J'adoooore les câlins... Des écoles de langues pour tous... des écoles de rire... de découverte de soi, de l'autre, du point G, de la délicieuse paresse, de la déculpabilisation... Oooh je m'emporte, j'y suis déjà...

Apparaît Clochmic

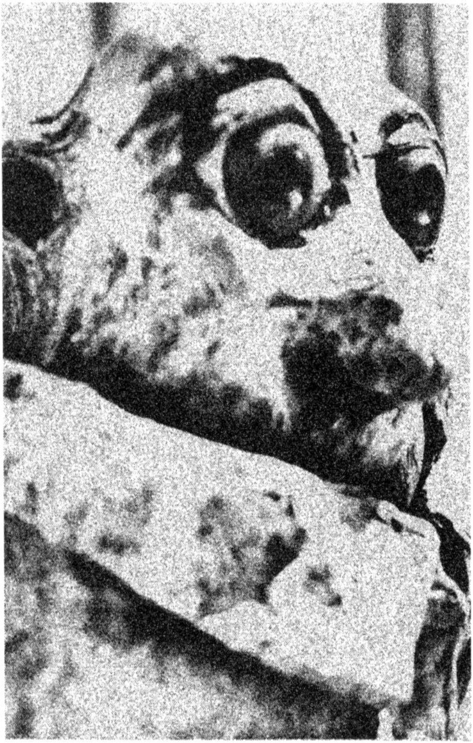

Thomas : marionnette de Sandrine Calmant

Acte 6. RENCONTRER SON OMBRE

Clochmic - Oh pute ! Qu'est-ce que tu fous là, Maat ? On avait dit que tu ne mettrais jamais les pieds ici ! Fous-moi le camp, vieille folle nymphomane ! Ne croyez rien de ses délires ! C'est une mythomane multipolaire qui ne prend pas ses médicaments ! Retourne d'où tu viens, y'a pas de place pour toi ici !

Maat - Clochmic ! T'as pas changé, gros lard ! L'évolution s'est détournée de toi aussi, alors ? Tu as attrapé la maladie locale ? Toi, dis-moi, de quoi as-tu peur ?

Clochmic - De toi, grosse vache en chaleur, et de tes idées soixante-huit-tartes éculées ! On est bien ici, sans toi ! On boit, on baise, on fait de la récup !... Les poubelles sont pleines de merveilles ! On se glisse dans les bras de belles esseulées, on ripaille, on fait la fête, on achète quand on a du fric, on jette quand c'est démodé, on gagne du temps, on tue quand on s'ennuie trop fort... Ne viens pas troubler la fête, sale bête ! Aaaagh que se passe-t-il ! Vieille sorcière ! Tu touches ma blessure intérieure ! Touche pas ! Touche pas à ça, c'est privé... Non ! Papa ! Au secours ! *(Il se met à pleurer, Maat tente un geste)* Ne m'approche pas ! Ma souffrance m'appartient ! Et tant que je vivrai, elle sera à moi ! À moi ! Vous m'entendez ? Même si je deviens transparent et que tout le monde la voit... elle sera mienne... *(explose de rire)* Arrête Maat ! Tu n'as pas le droit de me chatouiller... Ha ! Ha ! Ha ! Voilà ! Tout nu, je suis monsieur Merde Clochmic... Je dois me protéger de moi-même pour ne pas me souiller... ça coule par tous mes trous et rien ne me retient. Pas de pouvoir de rétention... Ou si peu... Alors, fuyez, avant que je ne vous ensevelisse... ça coule de partout !

Maat - Clochmic ! Ecoute ! Toi et Moi, on se connaît depuis toujours... Si nous nous unissons, ils pourront être à nouveau les « Bienheureux » du commencement de tout. Tu n'es pas fatigué ? Toute cette puanteur ! Souviens-toi du Serpent Cosmique, notre Père. Rappelle-toi ses derniers mots...

Clochmic - Vous vous confondrez l'un dans l'autre pour que l'être humain redevienne un enfant bienheureux et vous viendrez me rejoindre dans un grand rire doux comme un battement de plumes aux vents... Trop métapsychique pour moi... Et puis il nous a lâchés, le vieux ! Démerdez-vous qu'il a dû penser !

Acte 7. EN SOI

Maat - Tes états d'âme ont trop duré ! Thomas, Vanessa, aidez-moi ! Changez-moi ce truc en Apollon. À 3, on peut y arriver... Je ne peux pas fusionner avec cette triste peau de déchet de déchu puant et incontinent. Concentration et alchimisation. Tout doux, mon joli ! Je visualise et je replace un bouchon énergétique là où ça coule. Ne me remercie pas ! Ce n'est pas pour toi que je le fais, c'est pour le monde !

Clochmic - Je veux encore vivre ! Dans mon jus ! Mes odeurs de merde sont à moi ! Personne n'a le droit de me les enlever, vous m'entendez ? Laissez-moi puer et souffrir ! Voleurs ! Castratrice ! Vieille folle ! Tu te crois sage mais tu ne vaux rien ! Zéro ! Tu m'entends ? Nulle ! Cougar ! Pédophile ! Femelle immonde ! Je chie sur ta bande d'Augustes eunuques ! Ennuyeux ! Sans poils ! Sans sexe ! Sans désirs ! Sans vie, quoi ! Bande de vendus !

Maat - Allez, viens ! Tu es si mignon quand tu t'énerves ! Je suis ton miroir et je nous connais par cœur, tous les 2 ! Qu'est-ce que que tu dis de ça ?

Clochmic - Non ! Ne touche pas à mon sexe ! Ne fais pas ça ! Pas une pipe virtuelle... Je te l'interdis... Il y a peut-être des enfants dans la salle ! Pense à la petite Vanessa…

Maat - Ferme les yeux, Vanessa !

Clochmic - Aaaah ! Tu n'as pas le droit ! Lâââche... Aaaah ! Attends ! Moins vite ! Ouiii, oui, continue... Je fais tout ce que tu veux... Je suis à toi !

Maat - Décidément, Clochmic, tu n'as pas changé ! Petite Girouette ! Garde cet état ! Fais-le monter ! Je suis la mère « Extase » ! Je ne te lâche pas, mon ombre chérie... Tu es mon atout majeur, dans ce grand jeu du masculin, féminin qui ne font qu'un ! Garde l'état, Clochmic, je te dis ! *(Il se pâme Ouiii, c'est trop bon !)* On va œuvrer, toi et moi ! Du sexe vers le cœur ! De Freud à Jung ! On va faire gicler la sauce vers le haut. Marre des plaisirs brefs ! De cette course à la satisfaction immédiate ! Thomas ? Regarde ! Je te présente le plaisir immédiat dans toute sa splendeur... *(Aaah)* On va l'amplifier... *(Aaaaah)* Il deviendra meilleur ! *(Mmmmmh)* Sacré !

(Ohmmmm) Tantrique ! Je le veux Tantrique ! Amoureux de la vie, quoi !

Vanessa - Maat ! Maat ! Je peux ouvrir les yeux ?

Maat - Ouii !

Thomas - C'est bien beau tout ça, mais on part quand en croisade ?

Maat - Arrête avec ces vieilles histoires ! On part tous les 4 en balade, mais sans croix et sans hâte !

Tous les 4 - Une balade sans croix et sans hâte, on appelle ça une aventure, un farniente, un mariage !... Un mariage avec soi-même, sans défis et sans chaînes, bien sûr, et seulement pour s'aimer fort et tout plein !

Explosions, cris de joie et de fête, tous les personnages sont étrangement extatiques comme dans un happy end au parfum dérisoire sur lequel Maat règne en déesse comblée.

Maat - Thank you Thomas et Vanessa ! Tu danses, ma chérie ! Tu as raison, c'est la fête ! Thomas, danse avec elle, Clochmic et moi, on doit causer. N'oubliez jamais ! Les fleurs et les animaux ! Eux aussi, ils dansent et ils aiment ! Vous sentez ? La poudre d'Amour s'enflamme et réchauffe l'atmosphère ! Merci les Augustes ! Clochmic ! Je te sens bizarre ! Qu'est-ce qui te prend ?

Clochmic - Attends, Maat ! Laisse-moi apprécier ce qui m'arrive ! J'aime ! Maat ! Le goût du futur m'emporte et me rajeunit. Je n'ai plus peur. J'aime ! J'aime le parfum dans ma bouche, la musique dans mes yeux, les poings de mon cœur qui frappent ma poitrine ! Tout est caresse et c'est doux à en crever ! Une agonie de rêve !

Maat - On va aller dehors se coucher sur la terre, tous les 2, nus comme des vers. Attendre la fin, en souriant ! Tu sens mon cœur ? Il se soulève ! Notre départ est imminent.

Clochmic - Je n'ai jamais été aussi calme. J'entends chanter une petite fille à des kilomètres d'ici. Oh Maat, je me transforme en rivière. J'y fais couler mon cœur de pierre. C'est beaucoup mieux que la merde ! Nos folies s'enfoncent dans la terre avec nos os ! Je sens ta poitrine exploser et prendre racines ! Je grelotte de bonheur, de rosée, de mousse...

Maat - Toi et moi, Clochmic, on n'a pas fini de s'amuser !

Clochmic - Ça brille trop fort, Maat. Je vais devoir fermer les yeux. Je sais, ne dis rien... On n'en a plus besoin non plus. Maat ? Tu pleures ?

Maat - Oui, Clochmic. Comme au début du commencement de tout. Je te rejoins dans la rivière qui serpente en se riant de nous.

La conteuse reprend possession de son corps...

La conteuse - Quel bonheur de pouvoir écouter nos réconciliations intérieures, quand le monde extérieur nous arrache le cœur... D'en finir avec nos drames ! La rivière coule en moi, bruissante de clapotis et de soupirs, emplie de pierres en forme de larmes, de frères, de soeurs, passant de l'ombre à la lumière... Maat et Clochmic y jouent, mes petits dieux yin et yang, en poissons scintillants et moqueurs... L'écho de leurs rires me met en joie... Il est temps ! Grand temps, de partir en balade vers la douceur allumée en soi !

Déjà parus aux éditions BOZON2X

Une fois pour toutes, d'Emmanuel Crombag

L'Etoile de la Bergère, d'Eric d'Antimo

Martin Martin, d'Emmanuel Laborie

Poétique de l'amant, d'Olivier Pé

Miroir, Miroir, de Patrick Boutin

Le Manuscrit de Tchernobyl, de Nunzio d'Annibale

Rue des Mauvais Garçons, d'Hector Bisi

À dADa, de Georgie de Saint-Maur

Tripalium Paradis, d'Arnaud Guéguen

Embrassades et simagrées, de Serge Cazenave-Sarkis

Curioeusités, de Georgie de Saint-Maur

Giacomo Joyce, de James Joyce

(traduit de l'anglais par Alice de Ona et Nunzio d'Annibale)

Cent vingt mille hurlements en faveur de Sade,

de Raphaël Denys

www.bozon2x.be

Achevé d'imprimer sur les presses d'Henroprint à Liège.